NOUVELLES
Histoires drôles

62

Illustration de la couverture :
Philippe Germain

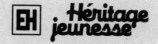

EH Héritage jeunesse

Nouvelles Histoires drôles n° 62
Illustration de la couverture : Philippe Germain
Conception graphique de la couverture : Luc Boileau
© Les éditions Héritage inc. 2004
Tous droits réservés

Dépôts légaux : 1er trimestre 2004
Bibliothèque nationale du Québec
Bibliothèque nationale du Canada

ISBN : 2-7625-1820-2
Imprimé au Canada

Les éditions Héritage inc.
300, rue Arran
Saint-Lambert (Québec) J4R 1K5
Téléphone : (514) 875-0327
Télécopieur : (450) 672-5448
Courriel : info@editionsheritage.com

*À tous ceux et celles
qui aiment collectionner,
écouter et raconter des
blagues.*

Diane, Qu'est-ce que tu as eu à ta fête ?

Diane : Une chandelle de plus sur mon gâteau !

•

La mère : Qu'est-ce que tu fais à quatre pattes en dessous de ton lit ?

Marina : J'ai perdu quelque chose.

La mère : Bon, encore ! Qu'est-ce que tu cherches cette fois-ci ?

Marina : Tu sais où peut être mon papier à lettres ?

La mère : Mais je t'ai donné une boîte spéciale pour le ranger ! Alors tu as perdu ton papier !

Marina : Non, mon papier, je sais très bien où il est. Il est dans la boîte. C'est juste la boîte que je n'arrive pas à trouver !

•

Chez le boucher :

— Monsieur, demande Patrick, avez-vous des pattes de cochons.

— Oui.

— Pauvre vous, ça doit marcher mal.

•

Au cours de mathématiques, le professeur ramasse les examens. Francis remet une feuille blanche.

— Mais voyons, Francis! Tu n'as rien écrit?

— C'est que moi, je fais du calcul mental...

•

Le prof: Jean, peux-tu me nommer quatre membres de la famille des rats?

Jean: Maman rat, papa rat et deux bébés rats.

•

Jean-Philippe est en train d'arroser ses plantes.

— Mais pourquoi ton arrosoir est-il vide?

— C'est parce que j'arrose mes plantes artificielles.

•

La prof : Denis, de qui descend l'homme ?

Denis : Du singe.

La prof : Très bien. Et le singe, il descend de quoi ?

Denis : Ben... de l'arbre.

•

Claudine fait écouter à son père le dernier disque compact de son groupe rock préféré.

— Papa, as-tu déjà entendu quelque chose de semblable ?

— Oui, le jour où ta mère a échappé son service de vaisselle par terre !

•

Julie demande à son amie : Cette jolie statue, c'est à ta mère ?

Sarah : Oui, elle l'a rapportée de son voyage en Grèce. Tu sais, c'est une statue très précieuse, elle a au moins 2500 ans.

Julie : Dis donc, veux-tu rire de moi ? On est juste en 2000 !

•

Martin est attablé devant un gigantesque plat d'épinards.

— Ouache! lui dit sa sœur. Tu vas manger ça tout seul?

— Mais non! Je vais aussi prendre du brocoli et du foie de bœuf!

•

Joseph: Je rêve de gagner 5000 $ par semaine comme mon père.

— Wow! Ton père gagne 5000 $ par semaine?

Joseph: Non, il en rêve lui aussi.

•

Normand dit à son ami, quand je tousse, ma mère me fait prendre un sirop au goût horrible! Mais j'ai trouvé un truc!

L'ami: Quoi?

Normand: Je prends mon sirop avec une fourchette!

•

Francis va avec sa mère souper chez des amis. Au dessert, on met dans l'assiette de Francis un petit morceau de gâteau.

Sa mère, qui est fière de montrer que son fils est bien élevé, lui dit : Francis, qu'est-ce qu'on dit ?

Francis regarde son morceau de gâteau, l'air découragé, et dit : Il n'y en a pas beaucoup...

•

La mère emmène sa fille Odette chez le médecin.

— Mais votre fille a l'air en parfaite santé. Quel est le problème ?

— Je ne sais pas, mais il y a quelque chose qui cloche. Depuis une semaine, elle fait tous ses devoirs sans que j'aie besoin de rien lui dire !

•

Le grand-père demande à Philippe : Où vas-tu ?

— Je m'en vais à la pêche.

— Mais pourquoi tu traînes tous ces litres de lait avec toi?

— C'est parce que je vais à la pêche aux poissons-chats!

•

Un monsieur échappe ses lunettes dans le métro. Une petite fille les ramasse et les lui donne.

— Merci beaucoup, ma petite. Comment t'appelles-tu?

— Mélanie Legault, papa...

•

Marilyne : Papa, est-ce que les chenilles sont bonnes à manger?

Le père : Non, pourquoi tu me demandes ça?

Marilyne : Parce que tu viens d'en manger une dans ta salade!

•

En camping : Maman! crie Carole, je viens de voir un ours près de la glacière!

La maman : Mais non, voyons ! Il n'y a pas d'ours ici, c'est une hallucination !

Dix minutes plus tard, Carole revient en courant : Maman ! Maman ! L'hallucination a ouvert la glacière et a commencé à manger nos sandwichs !

•

Jérémie demande à son ami : Connais-tu la différence entre une bouilloire et un bol de toilette ?

L'ami : Non.

Jérémie : Alors ne sois pas étonné si je ne vais jamais prendre le café chez toi.

•

Carmen : Aimerais-tu jouer avec mon nouveau chien ?

L'amie de Carmen : Mais oui ! Est-ce qu'il mord ?

Carmen : Je ne peux pas te le dire encore, c'est ça que j'aimerais savoir.

•

Olive demande à la mère de son amie si elle peut venir jouer dehors ?

— Il n'en est pas question. Elle est en pénitence.

— C'est plate. Qu'est-ce que je vais faire toute seule ?

— Je suis désolée, mais elle a vraiment été très tannante aujourd'hui, elle n'a pas arrêté d'agacer sa sœur, et en plus, elle a été très impolie avec la voisine.

— Olive : Je suis bien d'accord, c'est effrayant tout ce qu'elle a fait. Mais pourquoi vous me punissez, MOI ?

●

Les voisins de Martine sont monsieur et madame Tarr. Ils ont eu un enfant et ils l'appelleront Guy !

●

La prof : Émilie, si je te donne trois crayons, et que demain je t'en donne sept autres, combien en auras-tu en tout ?

Émilie : Douze.

La prof : Douze ?

Émilie : Mais oui, j'en ai déjà deux.

•

Pascal, demande le professeur, si je coupe un morceau de papier en deux, j'obtiens des demies. Si je le coupe en quatre ?

— Des quarts.

— Très bien. Et si je le coupe en mille, qu'est-ce que j'obtiens ?

— Des confettis.

•

La maman arrive à la maison pour voir que son fils a tout mangé le repas qu'elle avait laissé pour ses enfants.

— Mais voyons, Félix ! Tu n'as pas pensé à ta sœur ?

— Oh oui j'y ai pensé ! J'avais assez peur qu'elle arrive avant que j'aie fini !

•

Bernard : Sais-tu ce qu'on obtient quand on croise un perroquet avec un serin ?

L'ami de Bernard : Non.

Bernard : Un oiseau qui peut chanter avec paroles et musique.

•

Étienne : Maman, sais-tu où est la Corse ?

La mère : Je ne sais pas. Demande à ton père, c'est lui qui a fait le ménage cette semaine.

•

Madame Savoie, est-ce que Benoit peut venir jouer au baseball avec nous ?

— Non, il est en punition dans sa chambre.

— Alors, est-ce que le bâton de baseball de Benoit peut venir jouer au baseball avec nous ?

•

Béatrice entre dans une librairie.

— Bonjour, que puis-je faire pour vous ? lui demande le vendeur.

— Je voudrais acheter un livre.

— Oui, de quel auteur ?

— Oh, environ 30 centimètres !

•

Antoine, grand amateur de ski, dit à son copain :

— Je crois que le mont Saint-Sauveur est ouvert !

— Oh non ! Je l'ai vu hier. Il n'est pas tout vert, il est tout blanc !

•

L'amie de Marie-France : Moi, à l'Halloween, je me déguise en banane. Et toi ?

Marie-France : Moi ? En étoile.

L'amie de Marie-France : Pourquoi ?

Marie-France : Parce que c'est plus brillant !

•

Quand Bob était petit, il est allé visiter le Centre de la nature avec sa famille. Il aperçoit l'enclos des animaux et demande à ses parents :

— Je veux faire un tour d'âne ! Je veux faire un tour d'âne !

— Non, on n'a pas le temps, lui dit sa mère.

— Mais moi, je veux faire un tour d'âne ! crie-t-il à tue-tête.

— Ah ! dit-elle à son mari, prends donc Bob sur tes épaules pour qu'il nous fiche la paix !

●

Madame Tremblay : Ma petite Julie est vraiment très intelligente, son professeur me l'a dit. Elle n'est qu'en première année et elle peut déjà épeler le nom de sa ville à l'endroit et à l'envers.

Madame Carrière : Et où habitez-vous ?

Madame Tremblay : À Laval.

●

Alexandre est habillé à la dernière mode. Son père lui dit : Vraiment, tu as l'air de plus en plus imbécile ! À ce moment-là, le voisin arrive, heureux de rencontrer Alexandre, qu'il n'a pas vu depuis longtemps.

— Salut, Alexandre ! Vraiment, tu ressembles de plus en plus à ton père !

— Oui, c'est ça qu'il vient de me dire...

•

— Simon, tu dis que tu t'es battu pour défendre un petit garçon, mais qui était-ce ?

— Moi.

•

Kevin : Qu'est-ce qui a des plumes, chante, mange des graines et a cinquante yeux ?

L'ami de Kevin : Je ne sais pas.

Kevin : Vingt-cinq oiseaux.

•

Un policier arrête un automobi-
liste et lui demande de souffler dans
l'alcootest.

— Jamais! proteste le conducteur,
outré, je n'ai aucune raison de souffler
là-dedans!

— Alors, dit le policier, je vais
compter jusqu'à trois, et si à trois vous
n'avez toujours pas obtempéré, je le
ferai à votre place, et là, croyez-moi,
vous allez perdre au moins cinq points.

•

La mère : Charles, tu es rentré pas
mal tard, hier soir. Chez qui étais-tu?

Charles : Pourquoi veux-tu savoir ça?

La mère : Vraiment, Charles, tu es
très curieux...

•

Le professeur demande à Olivier :

— Pourquoi ce devoir est-il de
l'écriture de ton père?

— Parce qu'il m'a prêté son crayon.

•

Barbara marche sur le trottoir en direction de l'école. Soudain, un garçon qui marchait de l'autre côté de la rue traverse, s'immobilise en face d'elle, lui fait une grimace et lui tire les cheveux.

— Mais voyons, lui dit-elle, tu es complètement fou.

— Oui, ça te dérange?

•

Pierre trouve un pingouin dans la rue. Il s'adresse à un agent de police et lui explique la situation :

— Vous feriez bien de le déposer au zoo. Le lendemain, l'agent revoit Pierre, toujours accompagné du pingouin. Il l'accoste en lui demandant :

— Vous ne l'avez donc pas emmené au zoo?

— Si, si. Il a adoré. Aujourd'hui, je l'emmène au cinéma!

•

Est-ce que je peux essayer le chandail bleu dans la vitrine, demande Nadine à la vendeuse?

— Mais voyons, madame, il y a des cabines d'essayage!

●

Thomas : Moi, je connais tout sur le hockey. Tu peux me poser toutes les questions que tu veux.

Le copain : Ah oui? Combien y a-t-il de trous dans le filet du gardien?

●

Paul pousse un soupir de soulagement et déclare à sa mère :

— Maman, je viens de réaliser à quel point je suis chanceux de ne pas être né en Grèce.

— Mais pourquoi donc, Paul?

— Tu me vois, en Grèce? Je ne connais pas un mot de grec.

●

David : Connais-tu l'histoire de l'assiette en porcelaine ?

Sa soeur : Non.

David : Trop tard, le vendeur vient de l'échapper par terre.

•

L'amie de France : Ma mère vient de m'acheter de beaux souliers. Mais ils me font mal ! Pour trois jours, ça va être un vrai supplice !

France : Eh bien, commence à les mettre seulement le quatrième jour !

•

C'est Toto qui fait de la luge en compagnie de sa sœur. Sa maman lui demande :

— N'oublie pas de prêter ta luge à ta sœur, hein Toto !

— Oui maman, je prends la luge pour descendre et elle la remonte.

•

La maman, pourquoi as-tu traité ton ami Michel d'imbécile? Dis-lui tout de suite que tu regrettes!

— D'accord. Michel, je regrette que tu sois imbécile!

•

Émile: Monsieur, je crois vraiment que je ne mérite pas un zéro pour cet examen!

Le professeur: Tu as tout à fait raison, mais je n'ai pas eu le choix, il n'y avait pas de note plus basse.

•

Monsieur Bordeleau se rend chez son médecin.

— Docteur, chaque matin, quand je déjeune, j'ai une douleur insupportable à la tête.

— À quel endroit exactement?

— Juste ici, entre les deux yeux. Pouvez-vous faire quelque chose pour moi?

— Essayez donc d'enlever la petite cuillère de la tasse quand vous prenez votre café...

•

L'amie : D'où viens-tu ?

Marc : J'arrive d'une visite chez mon médecin.

L'amie : Ah, celui qui donne toujours de mauvais conseils ! Que t'a-t-il dit aujourd'hui ?

Marc : Comme j'ai très mal à la gorge, il m'a interdit de chanter.

L'amie : Tiens ! Je savais bien qu'il n'était pas si mauvais que ça !

•

La mère : Je viens de trouver des noyaux par terre. Qui de vous deux a mangé des raisins sans ma permission ?

Léo : Oh ! Ce n'est pas moi, maman. Moi, j'ai mangé les noyaux.

•

La mère de Juliette : Tu sais comment on prépare les œufs à la coque ?

Juliette : Oui, on fait boire de l'eau bouillante aux poules !

●

À la bibliothèque, Thomas regarde un livre intitulé « Comment entrer au cinéma sans payer ». La bibliothécaire lui dit : Le volume II vient juste de sortir, on l'attend pour bientôt.

— Quel en est le titre ?

— « Mes deux ans de prison ».

●

Vincent : Maman, tu me donnes un verre d'eau s'il te plaît ?

La mère : Mais Vincent, c'est le dixième que tu me demandes en dix minutes.

Vincent : Je sais, maman, mais ma chambre est en feu.

●

Estelle est très bavarde. Elle raccroche le téléphone après seulement
10 minutes de conversation.

— Mon Dieu ! lui dit son frère, c'était
court !

— Oui, c'était un mauvais numéro !

•

Marion : Mon frère est tombé en
bas d'une échelle de dix mètres.

La mère : Pauvre lui, il a dû se
blesser gravement ?

Marion : Non, il est tombé du premier
barreau.

•

Le père : Juan, tu as acheté des
allumettes ?

Juan : Oui.

Le père : Tu es sûr qu'elles sont
bonnes ?

Juan : Oui, papa, je les ai toutes
essayées.

•

Ding! Dong! Madame Couture va ouvrir la porte et aperçoit son fils Thierry en larmes.

— Mais qu'est-ce qu'il y a, Thierry?

— Maman... snif! tout le monde me dit que je suis trop grand!

— Mais non, mon chéri. Penche ta tête un peu et rentre donc dans la maison!

●

L'ami de Jérémie : Et c'est payant de jouer de la trompette?

Jérémie : Tu peux le dire! Chaque fois que je commence à jouer, ma grande sœur me donne un dollar pour que j'arrête!

●

Le prof : Je ne comprends pas ce qui se passe, Josiane. Depuis le mois de janvier, tes devoirs sont toujours pleins de fautes. Pourtant avant, c'était tout le contraire.

Josiane : C'est normal. C'est parce que ma grande sœur travaille le soir maintenant.

•

Élisabeth et son amie s'amusent avec leurs jouets.

— Moi, quand je serai grande, dit Élisabeth, je garderai tous mes jouets de bébé.

— Pourquoi donc demande l'amie ?

— Mais, pour mes enfants.

— Et si tu n'as pas d'enfants demande l'amie ?

— Alors ce sera pour mes petits-enfants.

•

La prof : Quand je dis j'étais belle, c'est l'imparfait. Si je dis je suis belle, qu'est-ce que c'est Yannick ?

Yannick : C'est un mensonge !

•

La prof : Quelle est la chose qu'il ne faut absolument pas oublier d'apporter quand on va dans le désert ?

Stéphanie : Une porte de voiture.

La prof : Mais pourquoi ?

Stéphanie : Pour pouvoir ouvrir la vitre si on a chaud.

•

Le père : Mon petit Guillaume, qui t'a donné cet œil au beurre noir ?

Guillaume : Personne ne me l'a donné, papa. J'ai dû me battre pour l'avoir !

•

Une dame demande à sa petite bonne : Alors, Marie, qu'allez-vous faire maintenant que vous avez gagné le gros lot à la loterie ?

Marie : Je prendrais bien madame à mon service.

•

Une prof demande aux enfants de faire un devoir sur la façon dont naissent les enfants. Toto rentre à la maison et demande à sa mère :

— Maman ! Comment je suis né ?

La mère, perturbée, répond : Euh, c'est la cigogne qui t'a amené jusque chez nous !

— Vraiment ? dit Toto. Et comment papa est né ?

— Euh, ben c'est la cigogne qui l'a amené lui aussi !

— Et grand-père et grand-mère alors ?

— C'était la cigogne aussi pour eux, Toto ! Et maintenant, laisse-moi travailler, je dois préparer le repas !

Le lendemain, Toto donne son devoir à la maîtresse. Elle lit le travail de Toto : « Impossible de faire un devoir sur la façon dont naissent les enfants, car dans la famille, il n'y a pas eu de naissance naturelle depuis trois générations. »

●

Simon vient de finir ses études et il a trouvé un emploi dans une grosse compagnie de finance. Son premier client entre dans le bureau. Comme Simon a bien envie de l'impressionner, il décroche le téléphone et fait semblant de tenir une conversation :

— Salut Martin ! Ça va ? Je crois qu'on ne pourra pas aller jouer au tennis ce soir, je suis très très occupé. J'ai rendez-vous avec de grands financiers japonais ce matin, ensuite je dois aller faire une conférence à l'Association des millionnaires et le ministre m'a invité pour un cocktail chez lui ce soir. Comme tu vois, je n'ai pas de temps pour les activités ! Salut ! Puis il raccroche et se tourne vers l'homme qui vient d'entrer.

— Que puis-je pour vous, cher monsieur ?

— Oh, moi, je suis l'employé de la compagnie de téléphone. Je suis ici pour brancher votre nouvel appareil.

●

Gabrielle fait sa prière : Mon Dieu, fais que mon père, ma mère et ma sœur soient toujours en bonne santé et que les vitamines soient dans les gâteaux, pas dans le brocoli...

•

Thérèse : Papa, sais-tu pourquoi les poules noires sont plus intelligentes que les poules blanches ?

Papa : Pourquoi ?

Thérèse : Parce que les poules noires peuvent pondre des oeufs blancs mais les poules blanches ne peuvent pas pondre des oeufs noirs !

•

Jojo a l'air songeur. Sa maman lui demande :

— Qu'y a-t-il, mon Jojo, tu as l'air préoccupé ?

— Je crois que ma prof ne sait pas grand-chose. Elle passe ses journées à nous poser des questions.

•

C'est bientôt la fête de la mère.

Maman, demande Nadine, qu'est-ce que tu aimerais avoir pour ta fête ?

La mère : Deux beaux enfants bien sages !

Nadine : Youpi ! et elle dit à son frère, nous allons bientôt être quatre enfants dans la famille !

●

Le professeur demande à ses élèves d'écrire un texte de 100 mots sur leur animal préféré. Guylaine se concentre, ferme les yeux, réfléchit longuement puis écrit : «L'autre jour, mon chat s'est sauvé de la maison. Je suis sortie, inquiète, et j'ai crié : Minou ! Minou ! Minou ! Minou ! Minou ! Minou ! Minou ! Minou !... »

●

Martin est appelé par son directeur.

— Dites-moi Martin, hier, vous m'avez demandé votre après-midi pour aller voir votre docteur. Or, quelqu'un vous a vu au stade en train d'assister à un match de football. Je pense que vous êtes un menteur Martin !

— Absolument pas, monsieur le directeur. Je ne suis pas un menteur. Mon docteur jouait au football dans l'une des équipes.

•

La mère de Paul sort ses ordures ménagères dehors mais le camion des éboueurs vient juste de passer.

— Monsieur ! Monsieur ! Crie-t-elle, avez-vous encore de la place ?

— Mais oui, madame, embarquez !

•

Richard revient de l'école avec une lettre du directeur pour sa mère. « Chère madame, aujourd'hui Richard a fait l'imbécile en imitant son professeur. »

•

Monsieur Robert demande à son voisin qui arrive de la pêche :

— Qu'est-ce que tu as attrapé ?

— Ah... une bonne grippe !

•

Sébastien revient de l'école le pantalon déchiré et la jambe ensanglantée.

— Mais que t'est-il arrivé, mon chéri ? s'exclame sa mère.

— C'est le chien à côté de l'école qui m'a mordu.

— Mais as-tu mis quelque chose sur ta jambe ?

— Non, le chien l'a trouvée très bonne comme ça.

•

Le prof : Julie, qu'est-ce que le sucre ?

Julie : Le sucre, c'est quelque chose qui donne mauvais goût au café quand on n'en met pas dedans !

•

Nous sommes dans un quartier paisible lorsqu'une voiture qui arrive trop vite renverse monsieur Lévy. Tout de suite, c'est l'attroupement. Un docteur qui est présent constate la mort de monsieur Lévy.

— Il faut prévenir madame Lévy, dit le docteur. Mais bien évidemment, personne ne veut se charger de cette besogne. Lorsqu'arrive le petit Salomon:

— Moi, dit le petit, je connais madame Lévy. Je vais la prévenir. Et le petit Salomon se présente chez madame Lévy.

— Bonjour madame veuve Lévy.

— Mais je ne suis pas veuve, mon petit!

— Ah oui? Qu'est-ce que vous voulez parier?

•

Le prof: Jean, quel est l'animal qui s'attache le plus à l'homme? Jean: Euh... la sangsue?

•

Rose-Marie a rendez-vous avec son fiancé au restaurant de la gare. Dès qu'il arrive, elle lui tend le bracelet qu'il lui avait offert et lui dit : Je te le rends. Maman m'a dit que je ne devais pas accepter de cadeaux de ce genre !

— Mais pourquoi, tu diras à ta mère que je ne pensais pas mal agir en ...

— Oh ! Inutile d'insister, maman l'a fait expertiser...

•

La grand-mère : As-tu bien dormi, Julien ?

Julien : Non, j'ai eu mal aux dents !

La grand-mère : Pauvre petit !

Julien : Qu'est-ce que je devrais faire, grand-maman, pour ne pas que mes dents m'empêchent de dormir ?

La grand-maman : Je ne sais pas vraiment. Moi ça fait trop longtemps que je ne dors plus avec mes dents !

•

Michel est allé visiter une ferme. Les cochons l'ont beaucoup impressionné. De retour à la maison, il dit à son père : Papa, j'ai vu des animaux qui parlent comme toi quand tu dors !

·

Jacques revient de l'école avec un œil au beurre noir.

Sa mère lui dit : Jacques, je t'ai pourtant souvent demandé de te calmer à l'école et de compter jusqu'à 100 avant de te battre.

Jacques : Je le sais, maman, c'est ça que j'ai fait ! Mais la mère de l'autre garçon lui avait dit de compter jusqu'à 50 !

·

La mère : Tu sais, Geneviève, ça ne me fait vraiment pas plaisir de devoir te punir.

Geneviève : Ça fait plaisir à qui, alors ?

·

Émilie : Papa, est-ce que c'est vrai que les parents savent plus de choses que les enfants ?

Le père : Eh oui !

Émilie : Alors pourquoi ce n'est pas le père du petit Larousse qui a écrit le dictionnaire ?

•

— Pardon mademoiselle, demande un passant, je cherche le boulevard Marc-Aurèle-Fortin.

— Hum... Le boulevard Marc-Aurèle-Fortin ? se demande Nathalie. Bon. Tournez à droite à la deuxième rue, allez jusqu'au bout, tournez à gauche, tout de suite après le parc prenez le petit chemin de terre jusqu'à la cour de la station-service, vous serez alors dans la rue Chénier. À environ cent pas de là, il y a un dépanneur. C'est là que ma mère travaille. Et elle, elle le sait où se trouve le boulevard Marc-Aurèle-Fortin.

•

— Simon, as-tu changé l'eau de tes poissons?

— Non, ils n'ont pas encore fini de boire celle que je leur ai donnée hier!

•

Jean suit des cours de trompette depuis deux mois.

Sa sœur lui dit un jour : J'ai hâte que tu passes à la télévision.

Jean : Que tu es gentille de me dire ça.

La sœur : Parce qu'au moins, la télé, je vais pouvoir l'éteindre.

•

La classe visite une ferme. Carl, un des élèves, demande au fermier :

— Mais que faites-vous donc?

— Je mets du fumier sur mes fraises, mon petit.

— C'est plutôt étonnant! Moi, je mets du sucre!

•

Serge : Quand est-ce qu'une grenouille est aussi rapide qu'un train ?

Serge, je vais vous le dire : Quand elle est à bord du train.

●

Élaine a regardé la télévision toute la soirée et elle n'a pas fait son devoir. Mais elle n'ose pas le dire à son professeur.

Le prof : Élaine, as-tu fait ton devoir ?

Élaine : Euh... non.

Le prof : Pourquoi ?

Élaine : Parce que... je ne pouvais pas.

Le prof : Ah bon. Et pourquoi donc ?

Élaine : Euh... j'étais malade.

Le prof : Ah oui ? Et de quoi souffrais-tu ?

Élaine : Euh... d'allergie.

Le prof : D'allergie à quoi ?

Élaine : Euh... à la mine de crayon !

●

— Dis donc, Bastien, tu n'es jamais allé à Toronto?

— Non, jamais.

— Alors tu dois connaître mon cousin Walter. Lui non plus n'y est jamais allé!

•

Gabriel : Maman! L'auto de papa est prise dans la neige! Je vais aller l'aider.

La mère : Tu es sûr que tu es capable?

Gabriel : Mais oui, maman, je connais tous les gros mots qu'il faut!

•

Renaud s'est blessé.

— Pauvre Renaud. Tu as dû te faire mal en tombant du toit.

— Non, pas vraiment. C'est plutôt en touchant le gazon que je me suis fait mal.

•

Dans un salon :

— Luc, pourquoi bouges-tu toujours ton pied ?

— C'est pour empêcher les loups de s'approcher.

— Mais il n'y a pas de loups ici.

— Eh bien ! Tu vois, ça marche, mon truc !

●

Maxime a eu une punition. Il ne pourra pas manger de dessert au souper.

— Ça ne me dérange pas du tout, dit-il avec courage. Malheureusement, sa mère arrive avec le dessert : un énorme gâteau au chocolat.

— Tu es sûr que ça ne te dérange pas ? lui demande-t-elle.

— Pas du tout ! Ça ne me dérange tellement pas que tu pourrais même m'en donner.

●

En promenade dans la nouvelle voiture de son ami, Paul dit :

— Hé! Attention! C'est écrit maximum 50!

— Pas de problème, nous ne sommes que deux!

•

Martin, qui est plutôt paresseux, vient de commencer à travailler.

— J'ai trouvé un emploi dans une ferme.

— Aimes-tu ça? lui demande son ami.

— Bof... Je commence à en avoir assez. Je suis épuisé.

— Comment ça?

— Tu comprends, il y a du travail pour au moins dix personnes.

— Ah oui, tant que ça?

— Oui, heureusement qu'on est trente.

•

Étienne entre à la maison, visiblement en colère. Il dit à son grand frère :

— Le gros Gratton n'arrête pas de me pousser. Tu es mon grand frère, tu es supposé me protéger. Va le retrouver dehors, et ne le manque pas !

— Désolé, Étienne, mais j'ai deux bonnes raisons de ne pas faire ce que tu me demandes. Premièrement, il serait temps que tu commences à te défendre toi-même...

— Ah, c'est ça ! Tu as peur de lui !

— Ça, c'est ma deuxième raison !

●

Le prof : Judith, peux-tu compter jusqu'à dix ?

Judith : Un, deux, trois, quatre, cinq, six, sept, huit, euh... dix.

Le prof : Oh ! Oh ! Tu as oublié ton neuf.

Judith : Non, je ne l'ai pas oublié, je l'ai mangé pour déjeuner !

●

La prof : Quel est le fruit du pommier ?

Odile : La pomme.

La prof : Très bien, et celui du poirier ?

Odile : La poire.

La prof : Celui du cerisier ?

Odile : La cerise.

La prof : Et le fruit de l'abricotier ?

Odile : Euh... la brique.

●

Fabienne et son amie s'en vont faire de l'équitation.

— Mesdemoiselles, dit le patron, je vais vous demander de me payer à l'avance, s'il vous plaît.

— Quoi ? s'exclame Fabienne, insultée. Avez-vous peur qu'on revienne sans les chevaux ?

— Non, j'ai plutôt peur que les chevaux reviennent sans vous !

●

Devant la boutique du fleuriste, on peut lire : « Dites-le avec des fleurs ».

Le petit Paul entre et dit : Je voudrais une rose, s'il vous plaît.

— Juste une ?

— Oui, je ne suis pas bavard.

●

Daniel entre à l'animalerie :

— Je voudrais des graines pour mon oiseau, s'il vous plaît.

— C'est pour quelle sorte d'oiseau ?

— Je ne sais pas, je ne l'ai pas encore fait pousser.

●

Le prof : Francis, je suis découragé. Ton écriture est franchement épouvantable. Je suis incapable de lire ton devoir d'hier soir.

Francis : C'est pas grave ! De toute façon, plus tard, j'écrirai à l'ordinateur !

●

— Je trouve ton chien assez beau. Est-ce que tu l'as bien dressé ?

Sarah : C'est plutôt lui qui m'a dressée ! Chaque fois qu'il fait le beau ou qu'il me donne la patte, je cours tout de suite dans la cuisine pour lui donner un os !

●

Les parents de Justin seront absents pour la soirée.

— Bonjour, je suis la gardienne.

— Bon, si Justin fait trop de bruit, s'il ne fait pas ses devoirs, s'il est désobéissant ou s'il te dérange, tu peux le punir en l'empêchant de regarder la télé et en l'envoyant se coucher plus tôt.

— Oui, mais s'il est tranquille et se comporte bien, qu'est-ce que je fais ?

— Oh la la ! Alors tu es mieux de prendre sa température !

●

L'amie de Lydia : Comment as-tu trouvé les questions de l'examen ?

Lydia : Les questions ? Faciles !

L'amie de Lydia : Alors pourquoi tu fais cette tête-là ?

Lydia : Parce que c'est avec les réponses que j'ai eu de la difficulté !

●

Marc : Tu sais quel est le mot le plus long du dictionnaire ?

L'ami : Camomille.

Marc : Hein ! Comment ça ?

L'ami : Mais oui, il y a un mille entre la première et la dernière lettre !

●

— François, dit sa mère, tu pourrais faire comme ton copain : il embrasse sa maman avant de partir pour l'école.

— Mais c'est que je ne la connais pas, moi, sa mère, et ça me gênerait beaucoup de l'embrasser.

●

La mère de Charles sort de la maison après avoir entendu un bruit terrible :

— Qui a brisé la fenêtre du salon ? demande-t-elle à ses deux enfants qui jouaient dehors.

— Euh... c'est pas moi, dit Charles à sa maman. C'est lui qui a baissé la tête quand je lui ai lancé une roche.

•

Gabrielle arrive en pleurant de la piscine :

— Maman, le moniteur m'a renvoyée parce que j'ai fait pipi dans la piscine.

— Ma pauvre chouette ! Mais tu n'es certainement pas la seule à faire ça !

— Du haut du tremplin, oui...

•

— Audrey, ton bulletin ne me plaît pas du tout, dit la maman.

— Oh, moi non plus. Au moins, ça prouve qu'on a les mêmes goûts...

•

La mère de Dimitri essaie un chapeau dans un grand magasin du centre-ville. Le vendeur lui dit :

— Chère madame, ce chapeau vous rajeunit de dix ans !

— Ah oui ? Eh bien, je ne le prendrai pas !

— Mais pourquoi donc, madame ?

— Je n'ai vraiment pas envie de vieillir de dix ans chaque fois que j'enlève mon chapeau.

●

Léandre boude parce que son ami ne veut pas jouer au même jeu que lui.

Son ami : Dis donc, qu'est-ce qu'elle fait ta mère quand tu fais ton bébé gâté comme ça ?

Léandre : Elle m'envoie jouer dehors.

Son ami : Je vois. Je comprends maintenant pourquoi tu as un si beau bronzage !

●

Charles arrive de l'école avec un mauvais bulletin.

— Charles, lui dit sa mère un peu fâchée, as-tu une petite idée de qui est le plus paresseux de ta classe?

— Mais non, maman.

— Tu es sûr? Pense un peu, ça va te revenir. Pendant que tout le monde travaille en classe, qui est celui qui reste à ne rien faire en regardant les autres?

— Le prof!

•

Gilbert revient d'un safari dans la jungle. Sa sœur lui demande:

— Alors, est-ce que tu m'as rapporté un chapeau de jaguar, comme je te l'avais demandé?

— Mais non.

— Tu me l'avais promis.

— Je le sais bien, mais j'ai dû voir une trentaine de jaguars, et aucun d'eux n'avait de chapeau.

•

L'amie de Caroline : Je ne comprends pas ! Comment ça se fait que tes notes d'examen sont parfois très hautes et d'autres fois si basses !

Caroline : Ce n'est pas si dur à comprendre. Tout est une question d'étude ! Si la personne sur qui je copie a bien étudié, j'aurai de bonnes notes !

●

— Gisèle, dit le professeur, peux-tu me nommer un jour de la semaine qui ne finit pas par di ?

— Demain.

●

Dans un musée d'art, Jacques dit à son ami :

— Il n'y a pas de nom sous ce tableau. Qui a peint ce drôle de personnage ?

— Ce n'est pas un tableau, Jacques, c'est un miroir...

●

La maman de Toto, agacée par la turbulence de son fils, lui faisait sans cesse des remontrances :

— Toto, tais-toi! Toto, assez! Toto, arrête ou je t'enferme dans le poulailler!

— Ça ne me fait rien; je ne pondrai pas!

●

Françoise : Sais-tu comment s'écrit le mot anticonstitutionnellement ?

L'amie : Oui.

Françoise : Alors épelle-le.

L'amie : L-e.

●

Martin : Maman, j'ai fait une dictée aujourd'hui.

La mère : Comment t'es-tu débrouillé ?

Martin : J'ai fait douze fautes...

La mère : Ah oui ?

Martin : Dans la première phrase...

●

John parle avec son amie : J'ai reçu un beau poisson rouge à mon anniversaire.

L'amie : Chanceux.

John : Maintenant, j'ai tellement hâte à Noël.

L'amie : Pourquoi ?

John : Je vais recevoir le bocal.

•

Michel : Mon frère est somnambule. Il se lève la nuit pour se promener.

L'amie : Il doit être fatigué le matin.

Michel : Non, pas depuis qu'il se couche avec sa carte d'autobus.

•

Le père de Simon a enfin accepté de lui apprendre à conduire.

— Tu vois, Simon, quand le feu est vert, tu peux avancer. Quand il est rouge, tu arrêtes. Et quand je deviens blanc, tu ralentis !

•

Le prof: Pourquoi arrives-tu toujours en retard, Isabelle.

Isabelle: C'est à cause du panneau de signalisation.

Le prof: Quel panneau?

Isabelle: Celui juste devant l'école où c'est écrit: Attention, écoliers! Ralentir!

•

Maxime descend du train à la gare et est rencontré par son cousin qui est venu le chercher.

— Comment s'est passé ton voyage?

— Pas très bien. Comme j'étais face à l'arrière, j'ai eu mal au cœur pendant tout le trajet!

— Pourquoi tu n'as pas demandé à la personne en face de toi de changer de place avec toi?

— J'aurais bien voulu, mais il n'y avait personne en face de moi!

•

Le prof : Bastien, pourquoi as-tu de la ouate dans les oreilles ?

Bastien : L'autre jour, vous m'avez dit que tout ce que vous disiez m'entrait par une oreille et sortait par l'autre. Ce matin j'essaie d'empêcher ça.

•

— Mon garçon, dit un matin le papa de François, si tu réussis ton examen aujourd'hui, je t'achète un vélo de trois cents dollars.

— Hé ! papa, dit François en revenant de l'école, je viens de te faire économiser trois cents dollars...

•

Carl : Mais non, papa, je n'ai pas perdu ta disquette très précieuse et importante. C'est juste que je ne la trouve pas.

Le père : Ah ! C'est très différent ! J'allais te donner une punition pour un mois, mais dans ce cas ce sera pour trente jours.

•

Le prof: Aujourd'hui, on étudie les soustractions.

Le prof: Antoine, si je coupe une pêche en quatre, que j'en mange deux morceaux et que je te donne les deux autres, que reste-t-il?

Antoine: Le noyau!

•

Jean-Philippe a un copain, Sanjan, qui a un peu de difficulté en français.

— Regarde, Jean-Philippe, dit Sanjan, il y a un mouche sur le mur.

— Ce n'est pas UN mouche, Sanjan, c'est UNE mouche.

— Wow! Tu as de bons yeux!

•

Cyril: Quel est le contraire de beauté?

Le copain de Cyril: Laideur.

Cyril: Non! C'est étuaeb...

•

Le père d'Ariane, quand elle était en première année : Qu'est-ce que tu as appris à l'école aujourd'hui ?

Ariane : J'ai appris à écrire.

Le père : Et qu'est-ce que tu as écrit ?

Ariane : Je ne sais pas, je n'ai pas encore appris à lire !

•

Le prof : Qu'est-ce que tu dessines Ariane ?

Ariane : Un chat.

Le prof : Mais où est sa queue ?

Ariane : Elle est encore dans le crayon, je n'ai pas fini mon dessin !

•

— Que veux-tu pour ton anniversaire ? demande-t-on à un petit gourmand, voisin de Pierre.

— Une énorme boîte de chocolats, et que tu invites mon copain Pierre pour qu'il me regarde les manger.

•

Étienne s'endort et commence à rêver. Il voit apparaître un génie qui lui dit:

— Tu peux me poser toutes les questions que tu veux, je connais les réponses.

— Peux-tu me dire comment ça va se passer pour moi à l'école?

— Oui. Laisse-moi me concentrer. Le génie ferme les yeux et se recueille. Le génie dit:

— Ça va aller plutôt mal jusqu'au secondaire.

— Et après? demande Étienne, plein d'espoir.

— Après, tu vas t'habituer!

●

Juliette: À l'examen de mathématiques, j'ai remis une feuille blanche.

Son amie: Moi aussi.

Juliette: Oh! catastrophe! Le prof va penser qu'on a copié!

●

La prof : Nathalie, disons que tu as six bonbons et que ton frère t'en demande deux, combien t'en reste-t-il ?

Nathalie : Six, madame.

La prof : Comment ça, six ?

Nathalie : Écoutez, madame, si mon frère me demande des bonbons, croyez-vous que je vais lui en donner ?

•

— Dis donc, Raphaël, qu'est-ce que ta mère fait quand elle a mal à la tête ?

— Elle m'envoie jouer dehors !

•

François a cinq ans. Il revient de la maternelle en montrant fièrement à sa mère sa première image autocollante.

— C'est bien, François ! Et qu'est-ce que tu as fait pour mériter cet autocollant ?

— Ben, je l'ai trouvé par terre.

•

Le prof a demandé à ses élèves de faire une composition sur le sujet : Ma journée à La Ronde. Karim, qui déteste les compositions, remet ce travail : Samedi dernier, nous devions aller à La Ronde. Mais il a commencé à pleuvoir, alors nous sommes restés à la maison.

●

Alexis revient de l'épicerie avec sa mère. Au coin de la rue, elle lui demande s'il voit venir une voiture.

— Non, répond-il.

La mère démarre et s'engage dans l'intersection quand tout à coup : BOUM !

— Alexis ! hurle la mère, au comble de la colère, je t'avais pourtant demandé si tu voyais arriver une voiture !

— Oui, mais maman, tu ne m'as pas demandé si je voyais arriver un camion.

●

Le petit Martin revient de l'école. Il arrive chez lui et sa mère lui dit :

— Mais qui t'a mis un œil au beurre noir ?

— C'est un garçon d'une autre classe !

— Nous allons aller voir le directeur.

— Dis-moi, pourrais-tu le reconnaître, ce garçon ?

— Oui, oui, maman, pas de problèmes. J'ai son oreille dans la poche de mon pantalon.

●

Jean-François : Oh là là ! Qu'est-ce qui est arrivé à la voiture de ton père ?

Robert : Tu vois la grosse roche près de l'entrée, là-bas ?

Jean-François : Oui.

Robert : Eh bien, mon père, lui, ne l'a pas vue...

●

— Moi, je suis un passionné d'histoire! dit Simon à son amie Martine. Tu peux me poser des questions!

— D'accord! Sais-tu ce qu'a fait Christophe Colomb après avoir mis un pied en Amérique?

— Il a mis l'autre pied!

— Ha! Ha! Et ça, dit Martine en montrant un minuscule bout de bois, tu sais ce que c'est?

— Heu... non.

— C'est le cure-dents de Jacques Cartier!

•

La mère de Mylène: Il paraît que tu n'es plus amie avec Nicole.

Mylène: Non. On ne s'entend plus du tout.

La mère: Et le jeu Sega qu'elle t'avait prêté?

Mylène: Oh! Je m'entends encore très bien avec son jeu!

•

Le professeur dicte un sujet de rédaction aux élèves :

— Dites ce qui vous a le plus préoccupé pendant vos vacances. Toto rend sa copie :

— Ma mère, comme toujours !

●

Dans le petit village où habite monsieur Trottier, un orage éclate. Puis le vent se lève, et bientôt c'est un ouragan qui se déclenche. Des arbres sont déracinés, des toits de maison s'envolent. C'est la catastrophe ! Monsieur Trottier, pris au beau milieu de la rue, tente de se rendre chez lui mais il est happé par une gigantesque rafale qui le catapulte directement à l'épicerie en passant à travers la fenêtre.

— Tiens, si c'est pas monsieur Trottier ! lui dit l'épicier. Quel bon vent vous amène ?

●

Liette revient de l'école :

— Vraiment, maman, mon professeur est incompétent.

— Pourquoi dis-tu ça ?

— Elle change tout le temps d'idée ! Hier, elle nous a dit que douze, c'était six fois deux. Et puis aujourd'hui, elle nous annonce que douze, c'est trois fois quatre !

●

La prof : De quelle couleur est la banane ?

Élaine : Elle est jaune.

La prof : Ah oui ? Je t'ai demandé la couleur de la banane, pas celle de la pelure !

●

Le prof : Simon, qu'est-ce que les éléphants sont les seuls à avoir ?

Simon : Euh... des éléphanteaux.

●

Howard arrive à l'urgence de l'hôpital.

— C'est pour une radiographie.

— Mais, vous avez l'air en parfaite santé !

— Ce n'est pas pour moi, c'est pour ma boîte de conserve. L'étiquette s'est décollée et je n'arrive pas à me rappeler si c'était des petits pois ou des haricots verts.

•

Le père : Que veux-tu faire quand tu seras grande ?

Jacinthe : Je voudrais être architecte pour créer de grandes choses dans ma ville.

Le père : Quelle sorte de choses ?

Jacinthe : De belles salles de spectacle, des gratte-ciel, des ponts !

Le père : Mais Jacinthe, il n'y a même pas de cours d'eau dans la ville !

Jacinthe : Ce n'est pas grave ! Je ferai construire une grande rivière !

•

Laurent : J'ai découvert que mon ami Jérôme écrit avec sa main gauche. C'est bizarre, non ?

La mère : Mais pas du tout ! C'est parce qu'il est gaucher !

Laurent : Ah bon ! Je croyais que ses bras avaient été installés à l'envers !

•

L'amie de Luce demande : Luce, tu veux me donner ton numéro de téléphone ?

Luce : Je n'ai pas le temps maintenant. Appelle-moi ce soir, je te le donnerai.

•

Le prof : Martin, connais-tu la différence entre le soleil et ton devoir de maths ?

Martin : Non.

Le prof : Le soleil est un astre, et ton devoir est un désastre !

•

— Raphaël, dit le professeur, ta rédaction intitulée «Mon chien Fido» est tout à fait identique à celle de ton frère.

— C'est normal, nous avons le même chien.

●

— Dis-moi, Toto, il y avait deux gâteaux dans le frigo. Tu peux me dire pourquoi il n'en reste qu'un?

— Bien, j'avais pas vu le deuxième!

●

À Rimouski, un touriste curieux demande à Sacha :

— Excusez-moi, mon garçon, je me pose une question.

— Quoi, monsieur?

— Comment s'appellent les habitants de Rimouski?

— Ouf! je viens juste de déménager ici, moi. Je ne les connais pas encore tous.

●

La mère : Qu'est-ce que tu veux pour Noël, cette année ?

Amélie : Je ne veux qu'une chose.

La mère : Quoi ?

Amélie : Que pour une fois tu ne chantes pas !

•

Pierre va au bureau de poste pour sa mère.

— Tu es déjà revenu ?

— Oui.

— Tu as bien posté la lettre que je t'avais donnée ?

— Oui, oui ! Et voici l'argent pour le timbre.

— Comment ça ?

— Maman, tu vas être contente, je t'ai fait économiser. Au moment où l'employé au comptoir regardait ailleurs, j'ai vite mis la lettre sans timbre dans la boîte et personne ne m'a vu !

•

— Mathieu, dit le professeur, je soupçonne ton père de t'avoir aidé à faire ce devoir-là!

— Oh non, madame, il l'a fait tout seul!

•

La mère : Odette, je t'ai dit pourquoi tu dois manger des légumes. Ça te donne de belles couleurs.

Odette : C'est bien beau, tout ça, maman, mais moi, ça ne me tente pas vraiment d'avoir les joues vertes...

•

Henri a un devoir à faire : Si un marcheur parcourt 4 kilomètres à l'heure, combien de temps lui faudra-t-il pour marcher 10 kilomètres? Le lendemain, à l'école, le professeur demande à Henri pourquoi il n'a pas fait son devoir.

Henri : Mais, monsieur, j'ai perdu ma calculatrice, alors ma sœur est encore en train de marcher!

•

Samuel : Arrête de parler comme une imbécile !

La sœur de Samuel : Je n'ai pas le choix si je veux que tu me comprennes !

•

La mère de Francis lui envoie un mandat-poste qu'elle accompagne de ce petit mot :

— Je t'envoie les 50 $ que tu m'as demandés. Surveille bien tes fautes lorsque tu m'écris ; je te signale que 50 ne prend qu'un zéro !

•

François demande à Sophie qui apprend à conduire : Tu connais la différence entre une fraise et un nouveau conducteur ?

Sophie : Non.

François : Il n'y en a aucune, les deux se retrouvent dans le champ !

•

Le prof : Je tiens à ce que tout le monde s'unisse et fasse des efforts pour qu'on garde cette classe propre. Si vous voyez quelque chose qui vous dérange, n'hésitez pas à réagir ! Vous avez bien compris ?

Jonathan : Oh oui ! Alors donnez-moi votre pantalon, je l'apporte tout de suite chez le nettoyeur !

•

— Marc, dit la maman, n'oublie pas qu'il ne faut jamais remettre à demain ce qu'on peut faire aujourd'hui.

— Ah oui ? Alors je crois qu'on est mieux de finir tout de suite le gâteau !

•

Chez le dentiste, une maman supplie son petit garçon.

— Sois gentil, Pascal, ouvre grand la bouche, tout de suite, pour que le dentiste puisse enlever ses doigts.

•

Claude pleure à chaudes larmes.

— Qu'est-ce que tu as, mon pauvre Claude?

— J'ai perdu mon chien.

— Tu n'as qu'à mettre une petite annonce dans le journal!

— Mais mon chien ne sait même pas lire!

•

Paul sera un missionnaire dans un village reculé du pays des cannibales pour prêcher l'Évangile. Le matin, le pauvre Paul ne sera pas cru. Et le soir, il sera cuit...

•

Louis: Maman, est-ce que les poissons se couchent pour dormir?

La mère: Mais non, Louis.

Louis: Alors, c'est quoi le lit de la rivière?

•

— Aujourd'hui, c'est moi qui ai donné la meilleure réponse dans ma classe, dit Véronique. J'ai dit que les hirondelles avaient trois pattes.

— Mais elles n'en ont que deux! objecte sa mère.

— Oui, mais les autres ont dit quatre...

•

On demande à Gilles : pourquoi as-tu reçu cette petite médaille Gilles?

Gilles : Pour mon interprétation de chansons populaires.

Et on demande à Gilles pourquoi la grosse médaille?

Gilles : Pour avoir arrêté de chanter.

•

Un homme riche fait son testament.

— Je lègue mes maisons de rapport et mes valeurs mobilières à mon cousin. Ma maison de campagne ira à ma fidèle cuisinière. Quant à mon neveu Félix, qui a toujours prétendu que la santé est plus importante que la richesse, je lui laisse mes chaussures de jogging.

•

La mère : Allô Marc !

Marc : Maman, où étais-tu ?

La mère : Je suis allée passer une échographie.

Marc : Et qu'est-ce qu'ils ont dit du bébé ?

La mère : Tu vas avoir une petite sœur !

Marc : Wow ! Et est-ce qu'ils t'ont dit comment elle allait s'appeler ?

•

Le prof : Catherine, sais-tu pourquoi les oiseaux s'envolent vers le sud à l'automne ?

Catherine : Parce que c'est trop loin à pied !

•

Jeannot loue une chambre dans un motel. Mais la seule chambre inoccupée est qualifiée, par les gens du village, comme étant hantée! Jeannot la prend quand même, en prenant soin d'inspecter chaque recoin. Il se couche enfin. Alors qu'il est sur le point de s'endormir, un bruit se fait entendre. Tac...tac...tac... Il allume la lumière. Personne n'est dans la chambre. Il éteint donc. Mais le bruit recommence et semble se rapprocher. Tac...tac...tac... Il allume la lampe de chevet, pris de panique, et aperçoit sur la table de nuit une punaise avec une jambe de bois.

●

Le papa: Qu'est-ce que tu as appris à l'école aujourd'hui, Sébastien?

Sébastien: J'ai appris que tous les problèmes de math que tu as faits pour moi hier soir étaient mauvais!

●

— Dis-moi Pierrot, dans quel pays y a-t-il le plus de chats ?

— Dans le désert, répond Pierrot.

— Le désert ? demande le professeur, étonné.

— Bien oui, répond Pierrot, dans le désert du Chahara (Sahara).

•

À l'aéroport, madame Picard décide d'aller se plaindre au comptoir de la compagnie d'aviation.

— C'est un scandale ! L'avion est encore en retard ! Ce n'est pas normal !

— Ah oui ? Et à quoi servent les salles d'attente, madame ?

•

L'ami de Charles : Sais-tu que mon chien court bien plus vite que toi ?

Charles : C'est normal, il a deux fois plus de pattes que moi !

•

L'accordeur de piano se présente chez la famille Simard.

— Mais je n'ai jamais demandé l'accordeur.

— Vous, non. Mais vos voisins, oui !

•

La prof : Nadia, quelle est la cinquième lettre de l'alphabet ?

Nadia : Euh...

La prof : C'est bien !

•

Chez le coiffeur :

— Comment veux-tu que je te coupe les cheveux, Laurent ?

— Comme mon père, avec un trou sur le dessus.

CONCOURS

Tu dois connaître, toi aussi, de courtes histoires drôles. Alors, pourquoi ne pas nous en faire parvenir quelques-unes ?

Parmi celles reçues, certaines seront retenues pour publication et l'auteur(e) recevra une surprise.

Participe le plus vite possible et envoie tes histoires drôles à :

CONCOURS HISTOIRES DRÔLES
Les éditions Héritage inc.
300, rue Arran
Saint-Lambert (Québec)
J4R 1K5

Nous avons hâte de te lire !

À très bientôt donc !

Achevé d'imprimer en octobre 2003 sur les presses de
Payette & Simms inc. à Saint-Lambert (Québec)